Wilhelm Lüders

Zur Kritik des schleswig-holsteinischen Staatsgrundgesetzes vom 15. September 1848

Wilhelm Lüders

Zur Kritik des schleswig-holsteinischen Staatsgrundgesetzes vom 15. September 1848

ISBN/EAN: 9783743624962

Hergestellt in Europa, USA, Kanada, Australien, Japan

Cover: Foto ©Suzi / pixelio.de

Manufactured and distributed by brebook publishing software (www.brebook.com)

Wilhelm Lüders

Zur Kritik des schleswig-holsteinischen Staatsgrundgesetzes vom 15. September 1848

Zur Kritik
des
schleswig-holsteinischen
Staatsgrundgesetzes

vom 15. September 1848.

Von

Dr. W. Lüders.

Kiel.

Schwers'sche Buchhandlung.

1866.

Inhalt.

	Seite.
Einleitung	1—5
I. Entstehung des Staatsgrundgesetzes.	5—10
II. Die Unterlassung der verfassungsmäßigen Eide	10—12
III. Die Stellung der gemeinsamen Regierung zum Staatsgrundgesetze	12—17
IV. Stellung der deutschen Centralgewalt zum Staatsgrundgesetze als thatsächlich wirksam. Der rechtmäßige Landesherr hat das Staatsgrundgesetz nie anerkannt	17—19
V. Die Richtigkeit des Wahlgesetzes vom 20. October 1848. Verhandlung der Landesversammlung über die Rechtsgültigkeit des Staatsgrundgesetzes im Septbr. 1850	19—22
VI. Verhältniß des Staatsgrundgesetzes zur deutschen Reichsverfassung. Der deutsche Bund erkennt dasselbe nicht an. Die folgenden Ständeversammlungen der Herzogthümer lassen das Staatsgrundgesetz unberücksichtigt.	22—25
VII. Das Verhalten des augustenburgischen Hauses zum Staatsgrundgesetze während der Jahre 1851—63	25—27
VIII. Zweckmäßigkeit des Staatsgrundgesetzes. Das Verhältniß des Erbprinzen von Augustenburg zu demselben.	27—31

Am 16. November 1863 schwur der Erbprinz **Friedrich von Augustenburg** den im Staatsgrundgesetze vorgeschriebenen Eid:

> Ich gelobe und schwöre die Verfassung und die Gesetze der Herzogthümer Schleswig-Holstein zu beobachten und die Rechte des Volkes aufrecht zu erhalten. So wahr mir Gott helfe und sein heiliges Wort!

Die Ableistung dieses Eides war gemäß Art. 34 eine nothwendige rechtliche Vorbedingung seines Regierungsantrittes; indeß fehlte den Rechten des augustenburgischen Fürstenhauses die thatsächliche Anerkennung seitens der Bevölkerung, es stand dahin, ob jener Schritt von politischem Erfolge sein würde. Die Meinungen über den inneren Werth jenes im Drange der Zeit übereilten organischen Gesetzes waren von Anfang an getheilt; während dasselbe seit nahezu 13 Jahren thatsächlich und rechtlich außer Wirksamkeit war, wuchs eine neue Generation heran, welche dem Grundgesetze ebenso fremd geblieben, wie es andrerseits dem Gedächtnisse der Zeitgenossen entschwunden war. Jedoch der Erfolg rechtfertigte vor der Hand die Maßnahmen des Erbprinzen. Die Erinnerung eines ruhmreichen Kampfes, welche sich mit dem Staatsgrundgesetze verband, mannigfache freisinnige Bestimmungen desselben, die mächtig aufwogende Erhebung des nationalen Geistes — kurz, Alles vereinigte sich, um jener Verfassung eine überraschend große Popularität gleich dem Fürsten zu geben, welcher sie dem Staube der Vergessenheit entzogen.

Das Staatsgrundgesetz und Herzog Friedrich VIII. sind seitdem die Devise der schleswig-holsteinischen Bewegung geblieben. Indeß gleichwie diese Bewegung selbst allmälig einen Charakter annahm, welcher die Bereitschaft der Gemüther zu wirklichen Opfern für die Größe und Macht des Teutschen Vaterlandes einigermaßen zweifelhaft erscheinen ließ: so ist auch die eigentliche Bedeutung, der politische Geist des Staatsgrundgesetzes mehr und mehr zurückgetreten.

Die Masse des Volkes hat ohne eigene Prüfung das Staatsgrundgesetz mit blindem Vertrauen als das hingenommen, wofür ihre Führer es ausgaben; wir meinen, die Zahl derjenigen ist gering, welche das Staatsgrundgesetz wirklich einmal mit Aufmerksamkeit gelesen haben. Denn wie wäre es sonst möglich, daß die, welche in dem Staatsgrundgesetze die alleinseligmachende Charte des selbstständigen Schleswig-Holsteins erblicken, mit bitterem Hasse diejenigen verfolgen, welche fordern, daß das Verhältniß Preußens zu den Herzogthümern festgestellt werde vor der Constituirung Schleswig-Holsteins? — Das Staatsgrundgesetz geht von demselben Gesichtspuncte aus; ja, es geht noch viel weiter, indem es von vornherein unbedingt sich dem Beschlusse des Parlaments unterwarf, welches die mit den kostbarsten Rechten beliehene Kaiserkrone den Hohenzollern entgegentrug.

Der wahrhafte politische Schwerpunct des Staatsgrundgesetzes, der Ausdruck des opferbereiten, ächt deutschen Sinnes seiner Verfasser liegt offen zu Tage in dem Art. 4 desselben:

„Die Verfassung Deutschlands wie sie jetzt ist, oder künftig sein wird, findet auf die Herzogthümer ihre volle und unbeschränkte Anwendung."*)

Wenn nun die Reichsverfassung von 1849 der Centralgewalt das Recht des Kriegs und Friedens ausschließlich, die Ernennung der obersten Befehlshaber im Kriege, und im Frieden wenigstens für die größeren gemischten Corps, die ausschließliche Gesetzgebung über das Heerwesen, das Versprechen der Treue an erster Stelle im Fahneneide, die Verfügung über die gesammte bewaffnete Macht zugesprochen hat; wenn ferner die Seemacht ganz ausschließlich Sache des Reiches sein sollte, die Centralisation des Münz-, Zoll-, Post= und Eisenbahnwesens im Ermessen der Reichsgesetzgebung lag; wenn die Reichsgewalt allein das Recht Verträge mit fremden Staaten zu schließen und Gesandte anzustellen haben sollte; wenn die Reichsverfassung diese und viele andere schwere Opfer von den Kleinstaaten forderte und der Patriotismus unserer früheren Gesetzgeber unbedingt und vertrauensvoll jegliches Opfer bringen wollte, welcher Art es auch sei — so ist doch wohl ein Zweifel berechtigt, ob die Schleswig-Holsteiner im Geiste des Staatsgrundgesetzes gehandelt haben, als sie Preußen, dem mäch-

---

*) Mit 92 gegen 8 Stimmen in der constituirenden Versammlung am 6. September 1848 angenommen. Protocolle S. 17. — Art. 158: „Die Bestimmungen dieser Verfassung bleiben nur soweit gültig, als sie mit der künftigen definitiven Verfassung Deutschlands in Uebereinstimmung stehen. Bis zur Feststellung der deutschen Verfassung gehen die einstweiligen, die Verfassung Deutschlands bestimmenden grundgesetzlichen Anordnungen, soweit der Inhalt dieses Grundgesetzes mit ihnen nicht in Uebereinstimmung ist, demselben auch ohne Zustimmung der schleswig-holsteinischen Staatsgewalten ihrer Geltung nach vor ......" wurde mit 85 gegen 4 Stimmen angenommen.

**) Reichsverfassung § 10. 11. 13. 16. 17. — § 19. 6. 7. — § 28. A. 45.

tigsten Staate deutscher Nation, dem Befreier Schleswigs und damit in Wahrheit Mehrer des deutschen Reichs, bald ein schroffes Nein! bald nur Zugeständnisse entgegenhielten, welche mit den eben aufgezählten verglichen, in der That kaum der Rede werth sind.

Indeß wie sehr auch das Staatsgrundgesetz von Vielen mißverstanden, von Einigen zur Erregung eines unberechtigten particularistischen Selbstgefühls gemißbraucht worden ist; wie sehr andererseits das Staatsgrundgesetz eine innige Verschmelzung Schleswig-Holsteins und Deutschlands begünstigen und aus diesem Grunde Mancher geneigt sein mag, Bedenken gegen dasselbe zu unterdrücken, so giebt doch eine eingehende Prüfung des Gesetzes und seiner Geschichte zu Erwägungen Anlaß, welche eine einfache Annahme desselben als noch jetzt geltend, rechtlich unzulässig erscheinen lassen. Nicht politische Wünsche, nicht die Zweckmäßigkeit darf darüber entscheiden, was als unser Landesrecht gelten soll; je stärker die Wurzeln sind, welche die Anhänglichkeit an jenes Verfassungsgesetz bei Vielen geschlagen haben mag, um so mehr ist es Pflicht das, was in der That Rechtens, sich klar zu machen. Nichts ist mehr geeignet, den Rechtssinn eines Volkes zu erschüttern, als die Geltung einer Verfassung, welche scheinbar dem Rechtsleben Gestalt und Inhalt verleiht, über deren rechtlichen Bestand aber im Stillen Zweifel vorhanden sind, um so verbreiteter, je mehr sie bisher unterdrückt worden sind.

Wir wollen zunächst an einige Daten aus der Entstehungsgeschichte des Staatsgrundgesetzes kurz erinnern.

Von der vereinigten Ständeversammlung beider Herzogthümer (3. April — 22. Juli 1848) ward ein Wahlgesetz für die künftige constituirende Versammlung berathen.

welches die provisorische Regierung am 13. Juli 1848 publicirte. Der am 15. August 1848 eröffneten **constituirenden Landesversammlung** ward der Entwurf des Staatsgrundgesetzes vorgelegt, den eine von der Regierung ernannte Commission ausgearbeitet hatte. Die Versammlung wählte 15 Mitglieder in den Verfassungsausschuß behufs Berichterstattung über den Regierungsentwurf; der Ausschuß constituirte sich am 19. August, die Versammlung wurde darauf vertagt.*)

I.

Nachdem die Landesversammlung am 4. September 1848 ihre Sitzungen wieder aufgenommen hatte, begannen am 6. September die Berathungen über den Entwurf und wurden am 7. bereits beendigt. Diese beispiellose Ueberstürzung des Verfassungswerks war veranlaßt durch den zwischen Preußen und Dänemark am 26. August 1848 geschlossenen Waffenstillstand von Malmö. Der Art. 7 desselben bestimmte, daß **während des Waffenstillstandes die gesetzgebende Gewalt ruhen solle**, und die Ratification des Waffenstillstands durch die deutsche Centralgewalt stand nahe bevor. So beschloß denn die Landesversammlung am 6. September mit 71 gegen 28 Stimmen auf Antrag eines Mitgliedes der Regierungscommission:

„daß die Berathung und Beschlußnahme auf den Entwurf, die Amendements der Majorität und Minorität des Ausschusses sich beschränke,

daß die etwaigen anderweitigen Amendements ein-

---

*) Protocolle der constituirenden schleswig-holsteinischen Landesversammlung. Amtl. Ausg. S. 7. 11. 12.

zelner anderen Mitglieder für die nach erfolgter Feststellung der Deutschen Verfassung jedenfalls vorzunehmende Revision der schleswig-holsteinischen vorbehalten werden.*)

Niemand wird leugnen wollen, daß unter den obwaltenden Umständen eine Beschleunigung der Berathungen zu wünschen war, allein zu einem solchen überstürzenden Verfahren war die Landesversammlung in keiner Weise befugt. Der Abgeordnete Etatsrath Professor Falck gab denn auch gegen jenen Beschluß einen förmlichen Protest zu Protocoll: Er könne die Landesversammlung nicht als berechtigt ansehen einen Beschluß zu fassen, der nach seinem Dafürhalten ebensosehr das Gewissen jedes Einzelnen zu beschweren geeignet sei, als er das individuelle Recht jedes Einzelnen kränke.**)

Das ungesetzliche Verfahren der Landesversammlung widersprach zuerst ihrem Mandate: „Die constitutionell monarchische Staatsverfassung der Herzogthümer in Uebereinstimmung mit der dermaligen Landesregierung festzustellen".***) Die Ausführung dieses Mandats begann damit, daß man die einzelnen Mitglieder mundtodt machte, eine Kränkung der Rechte des einzelnen Volksvertreters durch die Majorität, wie sie kaum härter gedacht werden kann. Das Recht der einzelnen Abgeordneten, ihre abweichende Ansicht durch Amendements zur Geltung zu bringen, entfließt unmittelbar dem Begriffe der repräsentativen Volks-

―――

*) Protocolle der constituirenden Landesversammlung. S. 17.

**) Protocolle S. 19. 20.

***) Bericht über die Verhandlungen der vereinigten Ständeversammlung. S. 578. Wahlgesetz v. 18. Juli 1848.

vertretung *), und diese Landesversammlung war gar als constituirende berufen.

Allerdings hatte die Landesversammlung bei Feststellung ihrer Geschäftsordnung (16. Aug. 1848) mehrere ausnahmsweise Abänderungen in der Ordnung der Geschäfte gerade für die Berathung über das Staatsgrundgesetz beliebt. **) An derartige Uebergriffe war jedoch damals kein Gedanke, vielmehr wurde der Antrag des Abgeordneten Friederici, daß die Geschäftsordnung auf die Berathung des Staatsgrundgesetzes keine Anwendung leide, abgelehnt. Ja, es ward darauf nach vorgängiger Discussion ausdrücklich festgestellt, daß ein Amendementssteller über den Gegenstand seines Amendements mehrmals zu reden befugt sei, und daß diese Befugniß nur auf die Schluß-Berathung des Staatsgrundgesetzes sich beziehe.***) Amendements waren also zulässig.

§ 7 der Geschäftsordnung garantirte den einzelnen Abgeordneten:

Jeder Abgeordnete kann in der Versammlung auf ordnungsmäßigem Wege Anträge machen, und zu den gemachten Anträgen Zusätze und Ver-

---

*) Das Recht, zu den schon der Berathung unterliegenden Angelegenheiten Verbesserungsanträge (Amendements) zu stellen, ist das selbstverständliche geringste Recht des Volksvertreters vgl. Pözl, in Brater und Bluntschli Staatswörterbuch. Art. „Abgeordnete". — Zachariä, deutsches Staats- und Bundesrecht I. 1865. S. 657. — Rönne, Staatsrecht der Preußischen Monarchie I. 1856. S. 540. — Pözl, Lehrb. des baier. Verfassungsrechts. 1864. S. 502. 518. — Maurenbrecher, Grundsätze des heutigen deutschen Staatsrechts. 1847. S. 273. — Ungültigkeit wegen Verletzung der Geschäftsordnung: Vgl. Mohl, Staatsrecht des Königreichs Württemberg. 1840. I. S. 695 f. Beschluß der deutschen Bundesversammlung v. 16. August 1824. Klüber, Quellensammlung. S. 321.
**) Protocolle der constituirenden Landesversammlung. S. 4.
***) Geschäftsordnung. § 19.

änderungen in Vorschlag bringen, wie er denn auch befugt ist, über alle auf gehörigem Wege in der Versammlung zur Sprache gebrachten Gegenstände zu reden.

§ 11 der Geschäftsordnung bestimmte u. A.:

In besonders dringenden Fällen kann durch Majorität von zwei Drittheilen der anwesenden Mitglieder von allen sonst vorgeschriebenen Formalitäten dispensirt, und sofortige Verhandlung und Entscheidung über den Antrag beschlossen werden.

Der Beisatz am Schlusse zeigt, daß eben nur Formalitäten der Dispensation unterliegen, daß aber die Verhandlung selbst und das nothwendige Recht des einzelnen Abgeordneten mit Anträgen, Verbesserungsvorschlägen und seinen Reden in solcher Verhandlung zu concurriren, nicht geschmälert werden sollte, noch konnte.

Immerhin aber mußte die Versammlung nach § 11 mit zwei Drittel Majorität sich erklären. Allein sie beschloß mit Stimmenmehrheit über den fraglichen Antrag zu entscheiden; ein Rechtsbruch, der um so flagranter war, als früher bei Feststellung der Geschäftsordnung ein Antrag, daß von Formalitäten mit einfacher Majorität dispensirt werden könne, mit 53 gegen 39 Stimmen abgelehnt worden war.

Mittelst aller dieser widerrechtlichen Ausnahmemaßregeln gelang es, wie erwähnt, am 7. September in vier Sitzungen die Berathungen zu beendigen. Am 9. ertheilte die provisorische Regierung, nachdem noch einige von ihr verlangte Modificationen beschlossen waren, dem Staatsgrundgesetze Namens des Landesherrn ihre Zustimmung, das Gesetz ward am 15. September publicirt, am 16ten erfolgte der Beschluß der Nationalversammlung, die Vollziehung des Waffenstillstands nicht länger zu hindern, und an demselben Tage ratificirte denselben die deutsche Centralgewalt.

Wer also in dem Staatsgrundgesetze die sorgsam gepflegte Frucht gesetzgeberischen Fleißes, das kunstvolle Palladium schleswig-holsteinischer Freiheiten zu finden wähnt, täuscht sich gewaltig. Und nicht um ein Haar besser steht es um die Rechtsbasis desselben. Das Staatsgrundgesetz ist seiner Entstehung nach nichts weiter als ein Nothbehelf, eine Verfassung, zwar mit dem Scheine formellen Rechts bekleidet, aber von Haus aus nur berechnet, eine vorläufige factische Grundlage dem Leben des jungen Staates bis auf weiteres zu gewähren.

Und darüber war die Landesversammlung selbst sich am wenigsten unklar. Denn was hatte Art. 159 des Grundgesetzes:

> Bei der nächsten Revision des Staatsgrundgesetzes können Abänderungen in demselben durch **einfache Majorität** beschlossen werden,

anderes zu bedeuten, als daß die constituirende Versammlung das ihr ertheilte Mandat für **unerfüllt** erachtete, daß sie einer künftigen Versammlung die nöthigen Befugnisse*) vorbehielt und übertrug, um das zu erledigen, was ihr selbst jetzt unmöglich schien — nämlich die **endgültige rechtliche Vollendung des Verfassungswerkes**.

Und dieser Ueberzeugung, daß es sich vorläufig nur darum handle, irgend Etwas, einerlei wie oder was fertig zu machen, gaben 28 Abgeordnete in einer Erklärung Ausdruck, daß sie für die Vorschläge der Regierung gestimmt

---

*) Sonst wäre nach Art. 154 für Abänderungen Zweidrittel-Majorität der gesetzlichen Mitgliederzahl erforderlich gewesen.

hätten, nur um die Erlassung des Gesetzes „auch nicht um einen Tag zu verzögern."*)

II.

Daß die Landesversammlung dem Staatsgrundgesetze in Wahrheit blos thatsächliche Wirksamkeit beilegte, ergiebt sich trotz aller spätern Reden, Schriften, Beschlüsse am einfachsten daraus, daß sie den Art. 153 des Staatsgrundgesetzes niemals auf sich angewandt hat. Derselbe lautet:

Die Mitglieder der Landesversammlung, alle Staatsbeamte und die bewaffnete Macht haben dem Herzoge und dem Staatsgrundgesetze Treue und Gehorsam zu schwören.

Es erhellt, daß die Landesversammlung selbst diejenige rechtliche Anerkennung des Staatsgrundgesetzes nicht ausgesprochen hat, welche der Inhalt desselben unabweislich forderte. Jener Eid vollendet die staatsrechtliche Verbindlichkeit des Grundgesetzes. Da nun weder die Landesversammlung, noch die Beamten oder das Heer demselben geschworen, so ist es niemals als die oberste rechtlich-bindende Norm für den Staat in Kraft gesetzt worden. Die Unterlassung des verfassungsmäßigen Eides ist ein untrügliches Kennzeichen dafür, daß man es mit der rechtlichen Kraft und Geltung des Staatsgrundgesetzes nicht ernsthaft nahm.

Der Bericht des Ausschusses über die Auflösung der Landesversammlung vom 19. April 1849 sagt Folgendes:

---

*) Protocolle der constituirenden Landesversammlung. 1848. S. 38.
Bemerkenswerth ist, daß Art. 159 die Bezugnahme auf die Feststellung der deutschen Verfassung, welche der 2te Theil des obenerwähnten Antrags auf Ausschluß des Amendements enthielt, wegließ. Protocolle, S. 88. Verhandlungen der constituirenden Landesversammlung. 1849. S. 778.

„Das Grundgesetz hat in einigen seiner wichtigsten Theile wegen des gegenwärtigen Krieges noch nicht zur wirklichen Einführung gelangen können, und ebendeswegen haben die im Staatsgrundgesetze vorgeschriebenen Eide noch nicht abgeleistet werden können. Bevor jene Ungewißheit beseitigt und diese verfassungsmäßige Garantie hinzugekommen, wird sich aber nicht mit Recht behaupten lassen, daß das Staatsgrundgesetz vollkommen „festgestellt" sei."*)

Der Abgeordnete T. Olshausen erklärte**) freilich in der Debatte über die Ausschließung des Grafen Reventlow-Jersbeck: „Wir haben es bisher nicht für zweckmäßig gehalten, daß der Eid wirklich abgeleistet werde. Aber der Eid ist nur die Form der Sache..... Allein, wenn der Eid nichts weiter als eine bloße Formalität sein sollte, weshalb forderte ihn denn das Grundgesetz? Und sollte es denn eine bloße Form sein, daß der Erbprinz Friedrich im November 1863 seine politische Wirksamkeit mit dem Eide auf die Verfassung begann? —

Der Art. 10 des Staatsgrundgesetzes schreibt ferner vor, daß jeder Staatsbürger männlichen Geschlechts nach erreichter Mündigkeit vor seiner Obrigkeit mittelst Handschlages unverbrüchliche Beobachtung der Verfassung geloben soll. Ein solches Gelöbniß ist keinem Schleswig-Holsteiner jemals abgenommen worden.

Sogar die gemeinsame Regierung sprach sich in ihrem Exposé vom 10. November 1848, S. 6 folgendermaßen aus:

Die gemeinsame Regierung wird weder die Ab=

---

*) Verhandlungen der schleswig-holsteinischen constituirenden Landesversammlung. 1849. Beilagenheft. No. 41. S. 187.

**) Verhandlungen der schlesw.-holsteinischen Landesversammlung. Erste außerordentliche Diät. 1860. S. 18.

legung des Gelöbnisses (Art. 10), noch die Beeidigung der Staatsbeamten u. s. w. eintreten lassen, weil sie eine solche vor der definitiven Feststellung der Verfassung nicht für statthaft erachtet.

Die Auffassung der gemeinsamen Regierung, ihr Verhältniß zum Staatsgrundgesetze bedarf jedoch einer näheren Betrachtung.

III.

Art. 6. des zwischen Preußen und Dänemark zu Malmö abgeschlossenen Waffenstillstands vom 26. August 1848 enthielt nachstehende Bestimmungen:

Es wird eine gemeinsame Regierung eingesetzt, welche ihre Amtshandlungen im Namen des Königs von Dänemark, in seiner Eigenschaft als Herzog von Schleswig und Holstein und mit dessen Machtvollkommenheit ausüben wird, mit Ausnahme der gesetzgebenden Gewalt, die während der Dauer des Waffenstillstandes ruht...

Man hat sich ferner darüber verständigt, daß alle und jede seit dem 17. März 1848 für die Herzogthümer erlassenen Gesetze, Verordnungen und Verwaltungsmaßregeln im Augenblicke des Amtsantritts der neuen Regierung aufgehoben werden sollen.

Jedoch soll der Letzteren das Recht zustehen, solche nach dem 17. März 1848 erlassenen Gesetze, Verordnungen 2c. wieder in Kraft treten zu lassen, deren Aufrechterhaltung ihr unerläßlich, oder für den regelmäßigen Geschäftsgang ersprießlich erscheint; welche indeß keinenfalls Etwas den Bestimmungen des Art. 11 Widersprechendes enthalten dürfen.

Der Art. 11 bestimmte:

> Es ist ausdrücklich verstanden, daß die Bestimmungen dieser Convention in keiner Weise den Bedingungen des definitiven Friedens präjudiciren... und daß weder Dänemark noch der deutsche Bund die Ansprüche und Rechte aufgeben, welche sie jederseits geltend gemacht haben.

Das Staatsgrundgesetz ist am 15. September 1848 von der provisorischen Regierung publicirt worden. Am 16. September erfolgte die Genehmigung des Waffenstillstands durch die Nationalversammlung und die Centralgewalt. Die Publication des Staatsgrundgesetzes fiel also noch vor den Zeitpunct, in welchem der Waffenstillstand rechtlich seinen Anfang nahm und der Stillstand der gesetzgebenden Gewalt in den Herzogthümern eintrat. Das Staatsgrundgesetz war demnach mit allen übrigen seit dem 17. März erlassenen Gesetzen aufgehoben, und die gemeinsame Regierung war befugt, dasselbe wiederum gleich den anderen in Wirksamkeit zu setzen. Welcher Art war nun diese Wirksamkeit, eine rechtliche oder factische? Und wie ward sie von der gemeinsamen Regierung verstanden?

Der richtigen Auffassung nach konnte und sollte die in Art. 6 und 11 verstattete Inkraftsetzung der Gesetze diesen überhaupt gar keine rechtliche Gültigkeit verleihen. Es war abgemacht, daß alle seit dem 17. März 1848 erlassenen Gesetze nunmehr aufgehoben seien; ihnen fehlte ja die Zustimmung des rechtmäßigen Landesherrn. Wenn nun Dänemark diese Zustimmung nicht aussprach, vielmehr im Art. 11 alle seine Rechte sich vorbehielt, dabei aber vorläufig die Inkraftsetzung einiger Gesetze zuließ, so konnte diese zufolge jener in den Waffenstillstandsbedingungen zur Geltung gelangten Anschauung nur thatsächlich, ohne rechtliche Wirkung geschehen.

Was die Ansicht der gemeinsamen Regierung betrifft, so ist zunächst anzuführen, daß die für dieselbe designirten Männer in einer an die Preußische Regierung gerichteten Erklärung vom 9. October 1848 aussprachen: „daß sie bei Annahme des an sie ergangenen Rufes von der Voraussetzung ausgingen, daß ihnen die zur Uebernahme und erfolgreichen Durchführung einer Regierung in den Formen, welche die gegenwärtigen Verhältnisse der Herzogthümer erheischten, unerläßliche Anerkennung und Unterstützung sowohl der Herzogthümer und ihrer Vertreter, als der betheiligten Mächte zu Theil werde."

Hierin war die Absicht, nach dem Staatsgrundgesetze zu regieren, nur allgemein angedeutet, ohne eine nähere Bezeichnung des Charakters, welchen die Regierung der Verfassung beilegte.

Am 21. October 1848 ertheilte die Landesversammlung ihre Zustimmung zu dem Uebergange der Regierungsgewalt auf die gemeinsame Regierung unter der Voraussetzung, daß sie nach den bestehenden Gesetzen die Regierung führen werde.

Nachdem nun am folgenden Tage die gemeinsame Regierung eingesetzt war, sprach sie sich in § 2 der Verordnung vom 22. October 1848 dahin aus:

Das Staatsgrundgesetz vom 15. September 1848 wird .... unter Vorbehalt definitiver Bestätigung durch den Frieden und ohne Präjudiz für denselben ebenfalls aufrecht erhalten, und wird, soweit es die während des Waffenstillstands bestehenden Verhältnisse gestatten, zur Anwendung gebracht werden.

Zunächst ist auffällig der Ausdruck: „aufrecht erhalten", während im § 1 von einer Menge anderer Verordnungen gesagt ist, sie würden „wiederum in Kraft gesetzt".

Hiernach scheint es, daß die gemeinsame Regierung

dem Staatsgrundgesetze zunächst lediglich eine thatsächliche Wirksamkeit beilegen wollte; um so mehr, als sie auf die vollständige Ausführung aller Bestimmungen der Verfassung nicht eingehen wollte. Dies betraf gerade die wichtigen, die Eidesfrage betreffenden Artikel. Die gemeinsame Regierung hielt das Grundgesetz aufrecht „unter Vorbehalt definitiver Bestätigung durch den Frieden"; Gesetze jedoch, welche noch der definitiven Bestätigung bedürfen, entbehren eben damit vollkommener rechtlicher Anerkennung; mögen sie auch vorläufig thatsächlich angewandt werden.

Diese der allgemeinen Sachlage gleichwie den Bestimmungen des Waffenstillstands entsprechende Auffassung verließ die gemeinsame Regierung in Folge der Proteste des dänischen Commissairs Reedz und des Reichscommissairs Stedtmann, welche sich gegen jede Inkraftsetzung des Staatsgrundgesetzes, als dem definitiven Frieden präjudicirlich, erklärten. Die gemeinsame Regierung erwiderte, daß jene Proteste keinen Einfluß auf den rechtlichen Bestand der angefochtenen Gesetze auszuüben im Stande wären.*) In dem Exposé vom 10. November 1848 näherte sich die Regierung der Landesversammlung, welche, wie erwähnt, am 21. October die Forderung aussprach, daß nach den bestehenden Gesetzen regiert werde.

Das Staatsgrundgesetz ist dem Exposé zufolge in Kraft gesetzt, nicht anders als die übrigen durch die Verordnung vom 22. October wiederum in Kraft gesetzten Normen; nur soll damit dem demnächstigen Frieden kein rechtliches Präjudiz geschaffen sein. Die Regierung stellt den der Aufrechthaltung im § 2 jener Verordnung beigefügten allgemeinen Vorbehalt nunmehr dar, als beschränkt auf

---

*) Unter dem 2. November 1848.

einzelne Bestimmungen des Staatsgrundgesetzes; folglich bestehe das übrige Ganze des Staatsgrundgesetzes in recht= licher Wirksamkeit bis zur Entscheidung im definitiven Frieden.*)

Indessen ist die Interpretation des § 2 der fraglichen Verordnung ebenso unabhängig von den nachfolgenden diplomatischen Auslassungen der gemeinsamen Regierung, wie der wirkliche Inhalt des § 2 für sie selber streng bin= bend war. Wenn die Verordnung das Staatsgrundgesetz aufrecht erhielt unter dem Vorbehalte definitiver Bestätigung durch den Frieden, so kann damit nur gemeint sein, daß vorläufig die Verfassung in thatsächlicher Wirksamkeit bleibt, jedoch vollkommen rechtlicher Anerkennung und Geltung noch entbehrt. Wollte die gemeinsame Regierung diesen Vorbehalt später einschränken blos auf einzelne Bestimmungen, und zwar auf diejenigen, welche ihrer Natur nach erst durch den definitiven Frieden festgestellt werden könnten, so enthält der § 2 eine solche Einschränkung durchaus nicht, sondern bezieht den Vorbehalt allgemein auf das ganze Grundgesetz. Auch hievon abgesehen ist jene will= kürliche Einschränkung insofern unhaltbar, als mit den Be= stimmungen, welche ausnahmsweise noch der Bestätigung bedürfen, grade die gemeint sind, welche die Grundlage der ganzen organischen Verfassung bilden, als: die Rechte des Herzogs, die Staatseinheit der Herzogthümer, die Union mit dem deutschen Reiche. Sind solche wesentlichste Bestimmungen noch definitiver Bestätigung bedürftig, so ist damit das ganze Grundgesetz seiner rechtlichen Gültig= keit nach in suspenso.

Uebrigens ist die Position der gemeinsamen Regierung jedenfalls unvereinbar mit der Sage von der bis zum

---

* Expofé. S. 6.

November 1863 fortdauernden rechtlichen Geltung und Verbindlichkeit des Staatsgrundgesetzes. Als schließlich im definitiven Frieden das Staatsgrundgesetz nicht bestätigt war, mußte dasselbe nach der dargestellten Auffassung der gemeinsamen Regierung als null und nichtig wegfallen.

IV.

Die gemeinsame Regierung trat am 26. März 1849 ab. Die Centralgewalt ernannte die Statthalterschaft, „um im Namen der Reichsgewalt, mit Vorbehalt der Rechte des Landesherrn, nach den Bestimmungen des in thatsächlicher Wirksamkeit stehenden Staatsgrundgesetzes bis zum Abschluß des Friedens die Regierung zu führen."*)

Also auch die deutsche Centralgewalt erkannte dem Grundgesetze nicht mehr als eine blos factische, keine rechtliche Geltung zu; sie begrenzte seine Geltung ebenso wie die Dauer der neuen Regierung durch den demnächstigen Frieden. Schon der ausdrücklich ausgesprochene Vorbehalt der Rechte des Landesherrn mußte zu dieser Anschauung leiten. Wie die provisorische Regierung überhaupt in Vertretung des „unfreien" Herzogs fungirte, so hatte sie das Staatsgrundgesetz „Namens des Landesherrn" genehmigt. Allein dieser war in Kopenhagen, ohne Kenntniß der Verhandlungen, und doch war seine eigene persönliche Zustimmung zu der neuen Verfassung unumgänglich. Solange diese nicht vorlag, konnte die Verfassung zur Existenz im rechtlichen Sinne nicht kommen. Dies ist die einfache logische Folge des Rechtsstandpunctes, auf welchem die provisorische Regierung sich stellte, die rechtliche

---

*) Verfügung des Reichscommissairs Gouchay vom 26. März 1849.

Gültigkeit des Grundgesetzes blieb unentschieden, bis der "unfreie" Landesherr wieder freie Entschließungen fassen konnte.

Die gemeinsame Regierung fungirte im Namen des Landesherrn, war von ihm eingesetzt und übte die Regierungsgewalt mit seiner Machtvollkommenheit aus. Sie erklärte sogar, daß sie sich berufen fühle, die Rechte des Landesherrn nicht weniger zu wahren, als die des Volkes.[*] Als nun aber die gemeinsame Regierung das Staatsgrundgesetz aufrecht erhielt, erhob der Landesherr sofort Protest. Das dänische Gouvernement behauptete sogar, daß nach Art. 6 und 11 des Malmöer Waffenstillstands alle factisch präjudiciellen Verfügungen von der Inkraftsetzung ausgeschlossen seien, d. h. diejenigen, deren Inhalt, wenn derselbe definitiv festgestellt wäre, den dänischen Rechten und Ansprüchen entgegenstehen würde. Wenn nun auch diese Behauptung irrig war, so ist doch jedenfalls soviel gewiß, daß der König damals sofort gegen die fortdauernde Geltung des Staatsgrundgesetzes in jeder Hinsicht sich verwahrt hat. Ja, dänischer Seits bezeichnete man die Aufrechterhaltung des Grundgesetzes als Bruch des Waffenstillstandes.

Am 10. Juli 1849 schlossen Preußen und Dänemark einen Waffenstillstand, welchen am 25. August beide Mächte ratificirten. In Gemäßheit dieser Convention ward im Herzogthum Schleswig die Landesverwaltung, bestehend aus Tillisch, Eulenburg und Hodges, installirt. Sie setzte am 17. September 1849 das Staatsgrundgesetz für Schleswig außer Kraft; damit war in diesem Herzogthume die Verfassung auch thatsächlich beseitigt. Der Berliner Frieden, welchen Preußen Namens des deutschen Bundes mit Däne-

---

[*] Exposé vom 10. Novbr. 1848. S. 12.

matt abschloß, bestätigte das Staatsgrundgesetz nicht; die im Malmöer Waffenstillstand noch offen gehaltene Eventualität, daß der Landesherr jene Verfassung im definitiven Frieden anerkennen werde, blieb unerfüllt. Somit befand sich das Staatsgrundgesetz lediglich in Holstein noch in thatsächlicher Wirksamkeit.

V.

Die constituirende Versammlung beschloß am 18. Oct. 1848 ein Wahlgesetz, welches die provisorische Regierung am 20. October publicirte, obgleich seit dem 16. September, zufolge Art. 7 des Malmöer Waffenstillstands, die Gesetzgebung ruhte. Mithin war das beschlossene Wahlgesetz null, ebenso war die Inkraftsetzung desselben durch die gemeinsame Regierung, mittels Verordnung vom 22. October 1848, ohne jeden rechtlichen Werth. Zwar bemühte sich die gemeinsame Regierung nachzuweisen, daß der Stillstand der gesetzgebenden Gewalt erst von dem Augenblicke an zu datiren sei, mit welchem die im Art. 7 der Convention bestimmte Aufhebung der seit dem 17. März 1848 erlassenen Gesetze eintreten solle. Als diesen Zeitpunct bezeichnete sie die am 22. October erfolgte Einsetzung der gemeinsamen Regierung selbst; und daß hierauf und nicht auf den Zeitpunct der Ratification die Absicht der contrahirenden Mächte gerichtet sei, erhelle daraus, daß sie eine von Unterzeichnung der Convention laufende Frist, innerhalb der die neue Regierung eingesetzt werden solle, vorgeschrieben, also selber dafür vorgesehen hätten, daß die Regierung nicht sogleich mit der Ratification in Wirksamkeit würde treten können.*) Allein dies ist äußerst

---

*) Exposé vom 10. Novbr. 1848. S. 4.

willkürlich. Daß die neue Regierung nicht sogleich in Function treten konnte und die provisorische Regierung bis dahin die Geschäfte führen mußte, verstand sich ohnehin von selbst. Daraus folgt aber nur, daß die provisorische Regierung die Functionen in eben dem Umfange auszuüben berechtigt war, in welchem die gemeinsame Regierung, wenn sie selbst schon fungirt hätte, dies thun durfte. Die provisorische Regierung hatte daher auch nicht einmal den Schein Rechtens für sich, als sie in directem Widerspruche mit Art. 7, noch nach Genehmigung des Waffenstillstandes durch die Centralgewalt einen Act der gesetzgebenden Gewalt ausübte. Ebensowenig konnte die gemeinsame Regierung das Wahlgesetz in Kraft setzen, da dasselbe nicht zu den Gesetzen gehörte, die in dem Zeitraume vom 17. März bis 16. September 1848 erlassen waren.

Eine auf Grund dieses nichtigen Wahlgesetzes berufene Landesversammlung trat am 9. September 1850 zusammen. Die Versammlung, zuerst auf Grund des Art. 85 des Staatsgrundgesetzes berufen, leistete den Eid auf die Verfassung sowenig wie ihre Vorgängerin.

In der vierten Sitzung dieser Versammlung kam eine Erklärung des Grafen Reventlow-Jersbeck zur Verhandlung, welche derselbe bei Gelegenheit seiner Wahl durch die größern Grundbesitzer abgegeben hatte. Reventlow-Jersbeck wollte an der Versammlung zwar Theil nehmen, verwahrte sich aber dagegen, als sei hiedurch das Staatsgrundgesetz sammt dem eingeführten Wahlgesetze, sowie die Aufhebung der früheren ständischen Verfassung als zu Recht bestehend von ihm anerkannt.[*]

---

[*] Verhandlungen der schlesw.-holst. Landesversammlung. Erste außerordentliche Diät. S. 12 ff.

Reventlow-Jersbeck hatte, wie wir bereits nachgewiesen haben durchaus Recht. Die Entstehung des Staatsgrundgesetzes war nur möglich geworden durch eine Reihe absolut rechtswidriger parlamentarischer Ausnahmemaßregeln; die constituirende Versammlung selber sah ihr Mandat zur Feststellung der Verfassung als nicht gelöst an, die von ihr vorbehaltene „Revision" der Verfassung war noch nicht geschehen; die verfassungsmäßigen Eide waren nicht abgelegt, auch nicht von der jetzt tagenden Landesversammlung; der rechtmäßige Landesherr hatte seine Zustimmung wiederholt verweigert; die höchste deutsche Centralbehörde hatte feierlich erklärt: sie erkenne nur eine thatsächliche Wirksamkeit des Staatsgrundgesetzes an; das Wahlgesetz endlich war, weil nach dem 16. September 1848 publicirt, nichtig — kurz, es ist nicht abzusehen, was gegen die rechtliche Auffassung Reventlow's irgendwie Stichhaltiges einzuwenden war.

Die Majorität des Legitimationsausschusses war der Ansicht, daß nachdem Reventlow-Jersbeck in der Versammlung erschienen sei, mithin als Mitglied fungiren wolle, seine theoretischen Grundsätze nicht zur Competenz der Versammlung gehörten. Die Minorität des Ausschusses beantragte die Wahl Reventlow's für hinfällig zu erklären. Das Resultat war Annahme eines Amendements, wornach Reventlow in der Versammlung nicht zuzulassen sei.

Der Berichterstatter Wiggers vermeinte, Reventlow-Jersbeck habe dem Staatsgrundgesetze die Treue nicht bewährt und somit sei es rechtlich (?) außer Zweifel, daß er Mitglied der Versammlung nicht sein könne; sie dürfe keinen Feind in ihrer Mitte dulden. Dies war das Thema, welches in einer unerquicklich weitschweifigen Debatte bis zum Ueberdrusse variirt wurde. Vergeblich war der Hinweis, daß es in der ganzen übrigen civilisirten Welt keinem Parlamente einfalle, Mitglieder auszuschließen, welche zwar die bestehende Verfassung nicht anerkannten, aber trotzdem an den Versammlungen Theil nähmen; man erinnerte an die Legitimisten in der französischen Kammer, an die Irländer im englischen Parlamente. Es ward urgirt, daß eine Anzahl Bestimmungen unausgeführt seien, auf denen das ganze organische Verfassungsgesetz basire; daß damit in der That die rechtliche Existenz desselben überhaupt in Frage gestellt sei. Von der unterbliebenen Eidesleistung abgesehen, bestimme Art. 1: „Die Herzogthümer sind ein einiger, untheilbarer Staat", und doch war ganz Schleswig unter dänischer Verwaltung, die Versammlung selbst zählte in Folge dessen statt 100 nur 60—70 Mitglieder. Es war Alles vergeblich, die treffendsten Argumente prallten ab an dem starrsinnigen Fanatismus der Majorität.

Mit 43 gegen 24 Stimmen wurde Reventlow-Jersbek ausgeschlossen. Graf Baudissin-Borstel trat hierauf aus, mit der Erklärung, auch nach seiner Ansicht sei das Staatsgrundgesetz nicht definitiv rechtsbeständig. Graf Reventlow-Farve äußerte in der Sitzung vom 12. September, er stimme mehr oder weniger mit den Ansichten Beider überein, und könne das Recht der Versammlung, ein Mitglied wegen politischer Ansichten auszuschließen, nicht anerkennen; er blieb jedoch in der Versammlung.*)

VI.

Art. 3 des Staatsgrundgesetzes bestimmte: „Die Herzogthümer Schleswig-Holstein sind ein Bestandtheil des deutschen Staatsverbandes". Der § 1 der deutschen Reichsverfassung besagte dagegen: „Die Festsetzung der Verhält-

---

*) Verhandlungen der schlesw.-holst. Landesversammlung. Erste außerordentliche Diät. 1850. S. 25. 26.

nisse des Herzogthums Schleswig bleibt vorbehalten". Jene wesentliche Bestimmung des Art. 3 war und blieb unausgeführt.

Der Vertrag von Olmütz ward am 29. November 1850 geschlossen; mithin konnte am Ende des Jahres 1850 von einem einheitlichen, deutschen Staatsverbande nicht mehr die Rede sein. Damit fiel das ganze Staatsgrundgesetz über den Haufen; die wichtigsten Grundbestimmungen der Verfassung waren illusorisch. Man hatte sich die Herzogthümer als integrirenden Bestandtheil des deutschen Reiches gedacht, in diesem Sinne wollte das Staatsgrundgesetz die Verfassung der Herzogthümer sein; es war das Grundgesetz für ein Glied des deutschen Reiches, und es gab kein deutsches Reich mehr.*)

Am 1. Februar 1851 gab die Statthalterschaft der Aufforderung der deutschen Großmächte, ihre Gewalt in die Hände der Bundescommissare v. Mensdorff und v. Thümen niederzulegen, Folge. Die Aufforderung geschah in Uebereinstimmung mit einem Beschlusse der Bundesversammlung. Am 2. Februar wurde die oberste Civilbehörde für Holstein eingesetzt; zugleich wurde das Staatsgrundgesetz von den Commissaren beseitigt. In der Bekanntmachung vom 2. Februar 1851 ward verfügt:

> Das früher in thatsächlicher Wirksamkeit bestandene Staatsgrundgesetz vom 15. September 1848 mit den die Wahlen zur Landesversammlung und die Ministerien betreffenden Verordnungen vom 16. Septbr., 20. und 21. October 1848 wird hieburch außer Kraft gesetzt.

---

*) Diesen Gesichtspunct machte in der Debatte über die Rechtsverbindlichkeit des Staatsgrundgesetzes der Abgeordnete Regierungsrath v. Harbou geltend. S. Verhandlungen der schlesw.-holst. Landesversammlung. Erste außerordentliche Diät. 1860. S. 20.

Die Landesversammlung wurde zugleich aufgelöst, die hieselbst publicirten deutschen Grundrechte außer Kraft gesetzt.

Also auch der deutsche Bund gestand dem Staatsgrundgesetze für bisher keine andere als blos thatsächliche Wirksamkeit zu; diese entzog er jetzt der Verfassung hinsichtlich Holsteins, wie dasselbe für Schleswig durch die Landesverwaltung früher geschehen war. Der Bund hat seitdem das Staatsgrundgesetz in seinen Verhandlungen mit Dänemark unberücksichtigt gelassen, seit dem 2. Februar 1851 gehörte es lediglich der Geschichte an.

Die Allerhöchste Bekanntmachung vom 28. Januar 1852 ward dem deutschen Bunde am 29. Juli 1852 vorgelegt und von ihm genehmigt. Diese Bekanntmachung und nicht das Staatsgrundgesetz bildet die rechtliche Basis, auf der seitdem die Ständeversammlungen der Herzogthümer im Jahre 1853 und später gehalten wurden; auf Grund der Bekanntmachung sind die Verordnungen vom 15. Febr. und 11. Juni 1854, betreffend die Verfassungen von Schleswig und Holstein erlassen; diese Verfassungen bilden noch gegenwärtig die praktische Norm des Staatslebens der Herzogthümer. Die kraft dieser grundgesetzlichen Normen berufenen Ständeversammlungen haben den solchergestalt stabilitirten Rechtszustand mit Berufung auf das Staatsgrundgesetz niemals angegriffen. Anders stünde vielleicht die Sache, wenn die rechtliche fortdauernde Geltung des thatsächlich beseitigten Staatsgrundgesetzes durch wiederholte Proteste der zur Vertretung der Landesrechte berufenen Körperschaften vertheidigt und behauptet wäre. Aber das Land und seine Vertreter haben ihr Wort für das Staatsgrundgesetz nicht erhoben; fast dreizehn Jahre hindurch sind die jetzigen Verfassungen unwidersprochen in Kraft gewesen. Daß trotz alledem das Staatsgrundgesetz rechtliche Gültigkeit bewahrt, obgleich das Land selbst jene Verfassung zu den Todten geworfen, das können höchstens Solche im Ernste glauben, welche gewöhnt sind, das praktische Rechts- und Staatsleben unserer Nation in politischen Idealismen zu verflüchtigen.

VII.

Wie aber hat das Haus Augustenburg sich während der Jahre 1851—63 zu dem Staatsgrundgesetze verhalten?

Wenn die Fürsten des augustenburgischen Hauses das Staatsgrundgesetz als die rechtsverbindliche Verfassung der schleswig-holsteinischen Lande wirklich betrachteten, so war es kraft ihrer behaupteten Eigenschaft als nächste Erbsuccessoren Rechts- und Gewissenspflicht für sie, gegen die Beseitigung des Staatsgrundgesetzes in den Jahren 1850 und 1851 Protest zu erheben.

Aber dies geschah nicht. Vielmehr war der Vater des Erbprinzen, Herzog Christian, in den folgenden Jahren eifrig bestrebt, den Cabinetten und dem conservativen Publicum Europas sich als legitimen Fürsten und Conservativen vom reinsten Wasser zu empfehlen, jedwede Verantwortlichkeit für die Vorgänge in Schleswig-Holstein von sich abzulehnen.*) Am 30. December 1852 schloß er

---

*) Schon früh lehnte der Herzog jeden Antheil, „directen oder indirecten", an der schleswig-holsteinischen Erhebung ab. Vgl. Protest des Herzogs von Augustenburg gegen die Verläumdungen der dänischen Regierung vom 28. Januar 1849, gerichtet an den Reichsverweser. Kieler Correspondenzblatt No. 52, Beilage. „Zur Lehre von der Legitimität" in Minerva, Maiheft 1852. „Die legitime Erbfolge in Dänemark", von einem norddeutschen Juristen, in der Minerva, October 1851. S. 178. In diesen beiden Aufsätzen ließ der Herzog seine Ansprüche auf den dänischen Thron entwickeln, wornach er jetzt der nächstberechtigte legitime Successor zur dänischen Monarchie aus dem Königsgesetze ist. Vgl. „Ein Brief des Herzogs von Schleswig-Holstein-Sonderburg-Augustenburg vom

das bekannte Abkommen mit der dänischen Regierung: für 1½ Millionen Species versprach er bei fürstlichen Worten und Ehren den Beschlüssen des dänischen Königs, sowohl hinsichtlich der Ordnung der Erbfolge in den unter dessen Scepter vereinten Landen, als auch hinsichtlich der eventuellen Organisation der Monarchie in keiner Weise entgegenzutreten. Darin lag gewißlich ein bündiger Verzicht auf das Staatsgrundgesetz!

Ob und in wieweit der Erbprinz Friedrich durch jenes vom eignen Vater als Haupt des fürstlichen Hauses abgelegte Gelöbniß verpflichtet worden, mag hier unerörtert bleiben. Thatsache ist jedoch, daß der Erbprinz im Jahre 1850 und 51 gegen die Außerkraftsetzung des Staatsgrundgesetzes keine Verwahrung einlegte. Er schwieg, als im Jahre 1852 der Vater auf die Geltendmachung seiner und der schleswig-holsteinischen Lande Rechte für Geld verzichtete. Erst am 15. Januar 1859 erließ der Erbprinz bekanntlich einen Protest, worin er seine schleswig-holsteinischen Successionsrechte gegen das den holsteinischen Ständen vorgelegte Thronfolgegesetz von 1853 wahrte. Ueber das Staatsgrundgesetz wurde, soviel uns bekannt, in jenem Proteste geschwiegen; obgleich damals zuerst der Erbprinz mit Rücksicht auf die Herzogthümer und seine Successionsrechte sich äußerte. Mithin versäumte der Erb-

---

2. April 1845" in der „Augsb. Allg. Ztg." No. 63, 64, vom 4. und 5. März d. J. (vermuthlich 1851 oder 1852). Es ist dies der bekannte Brief, wo der Herzog die Ansicht ausspricht, „daß die gekrönten Häupter zu den unglücklichsten Menschen auf Erden gehören". Der Brief ist mit nachstehenden Aeußerungen begleitet: „der Herzog ist an den höchsten Orten vorgestellt worden als das ehrgeizige Haupt einer Insurrection .... aber das gerade Gegentheil ist wahr. Sollten seine legitimen Rechte nicht geschützt werden, so würde von obenher eine Bresche gemacht in die Schutzwehr der Throne" u. s. w.

prinz zu protestiren, als dies seine Pflicht gegen das Land und die Verfassung erheischte; und als er zu protestiren für gut befand, hatte er zwar Worte für sein Erbrecht, aber keines für die Verfassung.

VIII.

Nicht einmal seinem Inhalte nach verdient das Staatsgrundgesetz von 1848 die lebhafte Theilnahme, welche ihm in den verflossenen zwei Jahren zugewandt worden ist. Wir haben bereits des ächt deutschen Sinnes gedacht, der in jener Zeit der Träume über eine glänzende Zukunft des Vaterlandes die Gemüther beseelte, von dessen selbstverläugnender Opferwilligkeit die ersten Artikel des Staatsgrundgesetzes ein beredtes Zeugniß ablegen. Aber darum bleibt das Staatsgrundgesetz doch ein eilfertiges, ohne eingehenden Fleiß gearbeitetes Stückwerk. Vielleicht konnte es in jener stürmischen Zeit nicht anders sein; aber es ist nun einmal so. Das Grundgesetz hat die belgische Verfassung zum Muster genommen, aber unsere Verhältnisse sind abweichend; gerade die Reception des Rechts fremder Nationen fordert ein schweres Stück geistiger Arbeit. Wir erinnern beispielsweise an den Art. 113, demzufolge die Frage, ob ein Gesetz auf verfassungsmäßigem Wege zu Stande gekommen, nicht zur gerichtlichen Beurtheilung gehört. Es schlägt dies in eine alte berühmte Controverse des Staatsrechts, aber die neuere deutsche Wissenschaft hat sie längst zu Gunsten der Gerichte entschieden, in zahlreichen Compendien des Staatsrechts steht es zu lesen. Und eine solche Bestimmung konnte übersehen werden in einer Zeit, die einen liberalen Verfassungsparagraphen höher taxirte, als eine gewonnene Feldschlacht. Fürwahr, Nicolaus Falck hatte nicht Unrecht, als er der constituirenden Versammlung das Recht bestritt, die Amendements der Abgeordneten zu unterdrücken. Am triftigsten bewies das die immer aufs Neue sich wiederholende Nothwendigkeit, einzelne Artikel außer Kraft zu setzen, die wiederholten Meinungsdifferenzen der Regierung und der Landesversammlung über die Interpretation der Verfassung. Ueber ein volles Jahr hat die constituirende Landesversammlung auf Grund ihrer Auslegung des Staatsgrundgesetzes länger getagt, als sie nach Erlassung der ihr aufgetragenen organischen Gesetze berechtigt war.*)

Art. 13 sprach jedem Schleswig=Holsteiner das „Waffenrecht" zu. Daß damit in Kriegszeiten nicht zu regieren war, und der Artikel durch fortwährend wiederholte**) Verfügung außer Kraft gesetzt werden mußte, verstand sich von selbst. Aber auch in Friedenszeiten ist jene Bestimmung mindestens überflüssig, wenn nicht gefährlich.

Art. 16 des Staatsgrundgesetzes, betreffend die Freiheit der Person, mußte durch Gesetz vom 5. October 1850 neu redigirt werden.

Art. 122, 123 bestimmten, daß Staatsbeamte, sofern sie nicht blos auf Zeit angestellt werden, nur durch gerichtliches Urtheil ihres Gehaltes oder Einkommens verlustig erklärt, auch nicht wider ihren Willen versetzt werden können. Hieraus entstand der Verwaltung ein eben so großes Hinderniß, als der Staatscasse eine übermäßige Belastung, indem die Entfernung oder Versetzung von

---

*) Ausschußbericht, betreffend die Auflösung der constituirenden Versammlung. Beilagen No. 41. S. 185 ff. Schreiben der Statthalterschaft vom 8. April 1849. Verhandlungen der schleswig-holsteinischen constituirenden Landesversammlung. 1849. S. 648. 769. 880.

**) Gesetz vom 29. Juni, 31. März 1849. Verfügung vom 10. Juli, 3. August 1850 u. a. m.

Beamten, namentlich solcher, die erst kürzlich angestellt waren, sich vielfach nothwendig zeigte. Ein gleiches Recht, wie der Art. 122 den Staatsbeamten gab, hatten die Officiere der Land- und Seemacht hinsichtlich ihres Gehaltes kraft Art. 129; sie konnten desselben und ihres Grades nur durch richterlichen Spruch verlustig werden. Das Gesetz vom 28. April 1849 hob die §§ 122, 123, 129 auf, es gab dem discretionairen Ermessen der Regierung mehr Spielraum und freiere Formen. Ebenso wurden die Art. 109, 110, welche den Richtern hinsichtlich ihres Amtes, der Suspension und Versetzung in den Ruhestand Garantien gewährten, beseitigt.*)

Das ganze Kapitel IV. des Grundgesetzes, welches vom Herzoge und der Ausübung seiner Rechte handelt, ist darauf berechnet, daß der Herzog zugleich Herrscher eines fremden Reiches ist und unter dem Einflusse der Interessen einer fremden Nationalität stehen wird. Daher die Bestimmung des Art. 46, daß so oft und so lange der Herzog außerhalb der Gränzen der Herzogthümer sich befindet, ein Statthalter, der nicht an Instructionen gebunden werden kann, statt des Herzogs die landesherrliche Gewalt ausübt.

Das Staatsgrundgesetz ist ein Kind seiner Zeit im strengsten Sinne des Wortes, es ist in seinen Grundbestimmungen eine wunderliche Paraphrase der lächerlichen Fiction vom: „unfreien" Fürsten, der Herzog des Grundgesetzes ist der „unfreie" Herzog im Frieden; er ist gebunden an Hand und Fuß, das absolute Veto hat er nicht, aber er hat eine — Civilliste.

Genug, man begreift vollkommen, wie ein Vertrauter des Erbprinzen Friedrich die oft gehörte Redensart: es

---

*) Verhandlungen der constituirenden Landesversammlung. 1849. S. 732, 768, 798, 822. Beilagen No. 39. S. 180.

lasse sich mit dem Staatsgrundgesetze nicht regieren, hat
wiederholen können; es war dies schon im Februar 1864.

Schwerer begreiflich ist es aber, wie der Erbprinz
Friedrich es über sich gewinnen mochte, eine Verfassung
zu beschwören, die seine Rathgeber dem Gemeinwohl schäd-
lich, für unausführbar erachten.

Man erwidert: der Erbprinz mußte den Eid leisten,
an das Staatsgrundgesetz anknüpfen, um die Bevölkerung
zu gewinnen. Aber kein Mensch in Schleswig-Holstein
dachte noch an das Staatsgrundgesetz. Ein Fürst von
aufrichtiger monarchischer Gesinnung wird auf diese Charte
nie die Hand zum Schwure legen. Glaubte der Erbprinz an die conservative Gesinnung der Schleswig-
Holsteiner, an den Zauber seines legitimen Rechts, so
bedurfte es des Staatsgrundgesetzes nicht. Wollte er aber
die Fahne der Revolution erheben, die wilden elementaren
Mächte von 1848 entfesselnd, im Sturme des nationalen
Enthusiasmus den Erbfeind seines Hauses überwältigen, so
bedurfte es um die fürstliche Stirne zu salben, eines
Tropfen frischeren demokratischen Oels! — Der Erbprinz
mußte das Staatsgrundgesetz beschwören! Fürwahr, ein
übelgewählter Sophismus. Er enthüllt uns die unbestimmte
Angst vor den revolutionairen Gewalten, und doch die
Sucht, mit ihnen coquettiren, den Mangel an Vertrauen
aufs legitime Recht allein und doch nicht Willensstärke
genug, mit der traditionellen Politik seines Hauses zu
brechen. Nur der feste Glaube an das göttliche Fürstenrecht,
oder auch kühnes revolutionaires Wagniß macht den Prä-
tendenten. Freilich, ein Bündniß mit der Demokratie ist
dem Erbprinzen gelungen, aber ein Bündniß unter dem
stillen Vorbehalte, daß wer zuerst die Kraft dazu hat, den
Andern vernichte.

Daß endlich der einseitige Eid des Erbprinzen eine

rechtlich ungültige, unwirksame Verfassung nicht rechtsgültig, nicht wirksam machen kann, versteht sich von selbst. Aber auch hievon abgesehen, hätte jener Eid nur dann rechtliche Bedeutung gewinnen können, wenn er von dem **wirklichen, thatsächlichen** Antritte der Regierung begleitet war; dieser ist aber bekanntlich niemals erfolgt, und somit war der Eid des Erbprinzen auch von dieser Seite ebenso überflüssig wie irrelevant.

Wir zeigten bisher, wie das Staatsgrundgesetz in seinen wesentlichen Bestimmungen undurchführbar, während seiner mehrjährigen thatsächlichen Geltung sich als lebensfähig nicht bewährt habe. Seitdem während fast dreizehn Jahre außer Wirksamkeit war es von dem augustenburgischen Fürstenhause niemals erwähnt, im Lande selbst völliger Vergessenheit anheimgefallen. Daß eine Politik, welche auf so schwacher, so unwahrer Grundlage fußte, in den gewaltigen Erschütterungen des letzten Krieges zusammenbrechen mußte, ist eben nicht unbegreiflich. Mit dieser Politik und ihrem Träger ist nun die Hoffnung eines unabhängigen Schleswig-Holsteins, soweit menschliche Einsicht reicht, unwiederbringlich verloren.

Mögen dann die, welche in einem selbstständigen Schleswig-Holstein zum Wohle des Landes zu wirken gedachten, in dem großen Staate, welchem wir bald angehören werden, der Heimath ihre Eigenthümlichkeit zu bewahren bestrebt sein. Soweit diese lebensfähig, soweit in ihnen persönliche Tüchtigkeit sich kräftig zu bewähren vermag, werden solche erhalten bleiben und dem **Ganzen** zum Segen gereichen. Aber Niemand möge vergessen, daß hierin allein der Maßstab unseres Rechts zur Selbstständigkeit liegt, daß der Einzelne und sein Streben nur soviel werth ist, als er zum Wohle, zur Blüthe und Größe des ganzen Vaterlandes zu leisten vermag.